# 안중근

# 안중근

남찬숙 글 곽성화 그림

비룡소

'저 아저씨가 그 유명하다는 사냥꾼이구나!'

중근이는 눈을 반짝이며 사립문 밖에서 몰래 사냥꾼을 지켜보았어요. 사냥꾼은 마당에 있는 평상에 앉아 열심히 총을 손질하고 있었어요.

"응? 넌 누구냐? 처음 보는 얼굴인데?"

사냥꾼이 물었어요. 중근이는 고개를 꾸벅 숙여 인사했어요.

"저는 안중근이에요. 얼마 전에 여기로 이사 왔어요."

"아하! 안 진사 댁 도령이구먼."

사냥꾼이 고개를 끄덕였어요. 그러자 중근이가 용기를 내어 말했어요.

"아저씨, 저도 사냥하는 데 데려가 주세요."

"귀한 집 도령이 사냥은 배워서 뭐에 쓰려고? 가서 글공부나 열심히 해라."
 총 손질이 다 끝났는지 사냥꾼이 어깨에 총을 메고는 산을 향해 성큼성큼 걸어갔어요.

중근이는 잠시 망설이다가 사냥꾼을 몰래 따라갔어요.

사냥꾼은 어느새 마을을 벗어나서 산길로 접어들었어요. 걸음이 어찌나 빠른지, 중근이는 사냥꾼을 쫓아가느라 숨이 턱에 닿을 지경이었어요.

그때 갑자기 사냥꾼이 뒤를 휙 돌아보며 말했어요.

"이놈! 몰래 따라오면 내가 모를 줄 알았느냐?"

중근이는 깜짝 놀라 땅바닥에 털썩 주저앉았어요. 하지만 곧 다시 사냥꾼을 졸랐지요.

"아저씨, 제발 한 번만 데려가 주세요."

"허허, 그놈 참……. 그럼 이번 딱 한 번만이다."

몇 번이고 조르자 사냥꾼은 마지못한 얼굴로 중근이의 부탁을 들어주었어요.

한참 산을 오르다가 사냥꾼이 물었어요.
"힘들지?"
중근이는 숨을 헉헉대면서도 고개를 흔들었어요.
"이 정도는 끄떡없어요."
중근이는 산짐승을 만나도 무서워하지 않고, 요란한 총소리에도 놀라는 기색이 없었어요. 얼마나 겁이 없고 용감한지 사냥꾼도 혀를 내둘렀지요.

중근이는 1879년 9월 2일 황해도 해주에서 태어났어요. 몸에 점이 일곱 개 있어서 어릴 때는 응칠이라는 이름으로 불렸지요.

중근이가 일곱 살 때 중근이네 가족은 황해도 신천군 청계동으로 이사를 갔어요.

높고 가파른 산 아래에 위치한 청계동은 경치가 아주 아름다운 마을이었어요. 중근이는 청계동이 무척 마음에 들었어요.

산으로 에워싸인 청계동에는 사냥꾼들의 발길이 끊이지 않았어요. 중근이네 집에도 사냥꾼들이 자주 머물렀지요.

중근이는 사냥꾼들을 따라다니며 총 다루는 법과 사냥하는 법을 배웠어요.

나이가 들수록 중근이는 점점 사냥에 빠졌어요. 서당에서 글을 읽을 때도 머릿속은 온통 사냥 생각뿐이었지요.

"장남인 네가 공부는 안 하고 매일 사냥만 하러 다니니, 동생들이 뭘 보고 배우겠느냐!"

아버지가 아무리 야단을 쳐도 소용없었어요. 중근이는 날마다 사냥을 하러 산을 올랐어요.

한번은 사냥을 나갔다가 벼랑에서 떨어져 죽을 뻔한 적도 있었어요. 그래도 중근이는 사냥을 그만두지 않았어요.

보다 못한 친구가 중근이를 붙잡고 말했어요.

"네 아버지는 뛰어난 문장과 학문으로 세상에 이름을 널리 알린 분이야. 그런데 너는 어째서 아버지를 본받지 않고, 사냥만 하러 다니니?"

중근이는 화내는 기색도 없이 싱글싱글 웃으며 말했어요.

"옛날 중국의 영웅 항우는 '글은 이름이나 적을 줄 알면 된다.'고 했어. 그래도 항우는 세상에 이름을 널리 알렸지. 난 학문으로 세상에 이름을 드러내고 싶은 생각이 없어. 항우처럼 씩씩한 장부로 살 생각이거든."

중근이의 딱 부러진 말에 친구는 아무 말 하지 못했어요.

안중근은 열여섯 살에 결혼했어요. 당시에는 어린 나이에 결혼하는 풍습이 있었어요.

그리고 그다음 해 집에 큰일이 생겼어요. 한양에서 어윤중과 민영준이라는 사람이 안중근의 아버지가 반역을 꾀했다고 모함을 한 거예요.

안중근의 아버지는 억울함을 호소하기 위해 가족들과 한양으로 갔어요. 하지만 힘 있는 벼슬아치인 어윤중과 민영준에 맞서는 것은 거의 불가능한 일이었어요. 결국 안중근의 가족은 프랑스 신부들이 운영하는 천주교 성당으로 몸을 피했어요.

"걱정 마세요. 시간이 지나면 진실이 밝혀질 겁니다."

프랑스 신부들은 친절하게 안중근의 가족을 맞아 보살펴 주었어요.

성당에서 숨어 지내는 동안 안중근은 세례를 받고 '도마(토마스)'라는 세례명을 얻었어요.

천주교를 통해 서양의 새로운 학문에 눈뜬 안중근은 대학을 세우기로 마음먹었어요.

안중근은 민 주교를 만나 도움을 구했어요. 민 주교는 프랑스 사람으로, 한국 이름이 민덕효였어요.

"우리나라의 젊은이들이 새로운 학문을 마음껏 공부할 수 있도록 대학을 세우고 싶습니다. 천주교를 알리는 데도 도움이 될 것입니다."

하지만 민 주교는 고개를 저었어요.

"대학은 아무런 도움도 되지 않아요. 사람은 많이 배우면 거만해져서 신을 믿으려 하지 않지요."

민 주교의 말에 안중근은 크게 실망했어요.

'프랑스 신부들이 우리나라를 위하는 줄 알았더니, 이제 보니 그게 아니구나. 천주교는 믿을 수 있어도 프랑스 사람은 믿을 게 못 돼.'

안중근은 천주교를 믿게 된 뒤 계속해 온 프랑스 말 공부도 그만두었어요.

'일본 말을 배우는 자는 일본의 종이 되고, 프랑스 말을 배우는 자는 프랑스의 종이 되고 말아. 우리나라의 힘이 커지면 다른 나라 사람들이 우리말을 배우려 할 거야. 지금 내가 해야 할 일은 외국어를 배우는 게 아니라 우리나라의 힘을 키우는 거야.'

안중근은 신문과 잡지를 보고, 역사책을 읽기 시작했어요.

1904년, 우리나라와 만주를 서로 집어삼키려고 으르렁대던 일본과 러시아 사이에 전쟁이 일어났어요. 이 전쟁에서 이긴 일본은 우리나라에 이토 히로부미라는 정치가를 보냈어요. 우리나라를 본격적으로 식민지로 만들기 위해서였지요.
　1905년에 이토 히로부미는 우리나라의 고종 황제와 대신들을 위협해 강제로 '을사늑약'을 맺었어요. 을사늑약은 우리나라가 일본의 허락 없이는 어떤 나라와도 조약을 맺지 못한다는 내용으로, 우리의 외교권을 빼앗기 위한 것이었어요.

여기저기서 을사늑약에 반대하는 사람들이 의병 (외적의 침입을 물리치기 위  해 백성들이 스스로 만든 군대)을 일으켰어요. 하지만 일본은 군대를 앞세워 우리나라 사람들을 마구 죽이고 잡아갔어요.

안중근은 일본군과 경찰을 피해 중국으로 갔어요.

그 무렵 중국 산둥과 상하이에는 우리나라 사람들이 많이 살고 있었어요. 안중근은 먼저 산둥으로 갔다가 상하이로 건너가 함께 뜻을 세우고 일할 사람들을 찾았어요. 하지만 사람들은 이런저런 이유를 대며 안중근을 피했어요.

"나는 장사하는 사람이라 정치는 잘 모릅니다."

"나라가 위태로운 것은 알지만 지금은 내가 사정이 좋지 않아서……."

안중근은 실망에 빠졌어요. 상하이에서 우연히 만난 곽 신부는 그런 안중근에게 한국으로 돌아가라고 충고했어요.

"무슨 일이 있을 때마다 모두 외국으로 나간다면 나라는 누가 지킨단 말인가? 여기서 이러지 말고 돌아가서 젊은이들의 교육에 힘쓰게. 그것이 나라의 힘을 키우는 길일세. 나라의 힘이 커지면 일본이 강제로 맺은 조약 같은 건 아무 문제가 되지 않을 걸세."

안중근은 곽 신부의 말을 곰곰 생각해 보았어요. 그러고는 가족들이 있는 진남포(평안남도에 있는 항구 도시)로 갔어요.

그런데 오랜만에 안중근을 본 아내가 갑자기 울음을 터뜨렸어요.

"아버님의 병이 중해져서 그만……."

안중근은 그 자리에 주저앉고 말았어요.

'아, 아버지! 이 어지러운 나라에서 태어나 제대로 뜻 한번 펼쳐 보지도 못하고 이렇게 돌아가시다니요. 부디 편히 쉬십시오. 제가 아버지 몫까지 나라를 위하겠습니다!'

아버지의 장례를 치르고 난 뒤, 안중근은 한 가지 결심을 했어요.

"나는 오늘부터 우리나라에서 일본을 몰아내는 그날까지, 다시는 술을 입에 대지 않을 것이다."

안중근은 전 재산을 들여 삼흥 학교를 세웠어요. 우리나라에서 일본을 쫓아내기 위해서는 우리 민족의 실력을 키워야 한다고 생각했기 때문이에요. 학생들은 점점 많아져서 안중근은 얼마 안 있어 두 번째 학교인 돈의 학교도 열었어요.

1907년 이토 히로부미가 고종 황제를 왕위에서 몰아냈어요. 우리나라의 군대도 강제로 해산시켰어요.

'이토 히로부미, 네 이놈!'

안중근은 이를 갈았어요. 이제 교육 운동만으로는 일본의 침략을 막기 힘들다는 생각이 들었어요.

안중근은 러시아의 블라디보스토크로 갔어요. 그곳에서 청년회 활동을 하며 의병을 일으키기 위한 모금 운동을 벌였지요.

"이 세상에 뿌리 없는 나무가 어디 있으며, 나라 없는 백성이 어디 있습니까? 조국은 우리의 뿌리입니다. 우리 힘으로 나라를 되찾읍시다."

안중근의 연설에 감동한 사람들은 너 나 할 것 없이 돈과 무기를 내놓았어요. 독립운동에 참여하겠다며 찾아오는 사람도 많았지요.

사람과 자금이 모이자 안중근은 의병 부대를 만들었어요. 그러고는 참모 중장이 되어 직접 의병들에게 사격 훈련을 시켰어요.

1908년 6월, 안중근은 수백 명의 의병들을 이끌고 두만강을 건너 일본군을 공격했어요. 안중근이 이끄는 의병 부대는 몇 차례의 전투에서 모두 승리를 거두었지요.

계속된 전투에서 안중근의 의병 부대는 십여 명의 일본인들을 사로잡았어요. 그런데 그중에는 군인이 아닌 상인들도 있었어요.
　의병들은 사로잡은 일본인들을 모두 없애자고 주장했어요.
　"일본인이라면 누구나 우리의 원수요. 당연히 모두 없애야 하오."
　하지만 안중근의 생각은 달랐어요.
　"일본이 잘못했다고 평범한 일본인들까지 죽여서는 안 될 말이오. 우리가 저들을 죽인다면 포악한 일본과 무엇이 다르겠소."
　안중근은 일본인 상인들을 그냥 돌려보냈어요.
　그러자 안중근의 결정에 불만을 품은 몇몇 장교들이 자신의 부대를 이끌고 떠났어요.

　며칠 후 일본군이 공격해 왔어요. 일본군의 수가 훨씬 많았던 데다, 닐이 저물면서 비까지 억수같이 쏟아져 안중근과 의병들은 뿔뿔이 흩어지고 말았어요.
　날이 밝은 후 보니 살아남은 의병의 수는 겨우 수십 명에 불과했지요.

안중근은 의병들과 함께 산 위로 몸을 피했어요.
"이렇게 패했으니, 여기서 스스로 목숨을 끊읍시다!"
"그건 어리석은 일이오. 일단 항복했다가 훗날 다시 일을 벌입시다."
"항복하느니 이대로 산을 헤매다 죽는 게 낫겠소."

의병들의 이야기를 가만히 듣고 있던 안중근은 총을 들고 일어섰어요.

"그대들은 그대들의 생각대로 하시오. 난 이 총을 갖고 일본군과 싸우다 죽겠소."

안중근은 일본군이 있는 마을을 향해 걷기 시작했어요. 의병 한 사람이 쫓아와 안중근을 붙잡고 울었어요.

"대장, 살아서 더 큰일을 해야지 이렇게 죽는 게 무슨 소용이란 말이오."

안중근의 눈에서도 눈물이 흘렀어요.

"분한 마음에 내가 잠시 어리석은 생각을 했소. 어떻게든 살아 돌아가 일본과 싸움을 계속합시다."

안중근과 의병들은 러시아로 돌아가기로 했어요. 일본군을 피해 낮에는 숨어 지내고 밤에만 걸었지요. 먹을 것이 떨어져 굶기를 밥 먹듯 했지만, 어쩌다 우리나라 사람을 만나도 일본군이 무서워 의병들을 도와주려 하지 않았어요. 그러기를 며칠, 일행 중 한 사람이 맥없이 주저앉았어요.

"이젠 정말 꼼짝도 못하겠소. 차라리 여기서 그냥 죽는 게 낫겠소."

"조금만 더 기운을 내시오. 저 앞에 불빛이 보이니 내가 가서 묵어갈 수 있는지 알아보겠소."

　다 쓰러져 가는 외딴집의 문을 두들기자, 한 노인이 나왔어요. 노인은 안중근과 의병들을 집 안으로 들이고는 푸짐하게 상을 차려 내왔어요.
　"나라가 힘이 없으니 애꿎은 백성들만 고생이구려. 일본군이 곳곳을 뒤지고 있으니, 내가 가르쳐 주는 길로 가시오. 그 길로 가면 무사히 두만강을 건널 수 있을 것이오."

안중근과 의병들은 노인이 가르쳐 준 길을 따라 무사히 두만강을 건넜어요.

블라디보스토크의 동포들은 안중근을 위해 환영회를 열어 주었어요. 하지만 안중근은 차마 그 자리에 나갈 수가 없었어요.

"그 많은 병사들을 잃고 혼자 살아 돌아온 내가 무슨 낯으로 환영식에 나간단 말입니까."

동포들은 안중근을 따뜻하게 위로해 주었어요.

"전쟁에서 이기고 지는 것은 늘 있는 일입니다. 그 위험한 곳에서 무사히 살아 돌아왔으니 당연히 환영을 해야지요."

"고맙습니다. 이 못난 사람을 이렇게 따뜻하게 맞아 주시니……."

안중근은 목이 메어 말을 잇지 못했어요.

1909년 3월, 안중근은 김기룡, 황병길 등과 함께 새로운 독립운동 조직을 만들었어요.

안중근과 열한 명의 젊은이들은 나라를 위해 목숨을 바치기로 결심하고, 손가락을 잘라 맹세를 다짐했어요.

먼저 안중근이 왼손 네 번째 손가락의 첫 마디를 끊어 대(大) 자를 썼어요. 남은 열한 명도 차례대로 손가락을 잘라 '대한 독립'이라는 네 글자를 완성했어요. 모임의 이름은 손가락을 끊어 맹세한 모임이라는 뜻으로 '단지 동맹'이라고 지었어요.

안중근이 태극기를 들고 외쳤어요.

"우리 다 함께 만세 삼창을 부릅시다!"

"대한 독립 만세! 대한 독립 만세! 대한 독립 만세!"

만세 삼창을 마친 단지 동맹 회원들은 저마다 나라를 위해 싸우기 시작했어요.

1909년 9월, 눈이 번쩍 뜨일 만한 소식이 들렸어요. 이토 히로부미가 하얼빈에 온다는 거였어요.
 '이건 하늘이 주신 기회야!'
 안중근의 눈이 매섭게 빛났어요.

안중근은 친구인 우덕순을 찾아갔어요.

"나는 우리 민족의 원수인 이토 히로부미를 죽이려 하네."

"그게 참말인가? 성공한다 해도 자네 목숨이 위험한 일이야."

"나는 죽어도 괜찮네. 이토 히로부미가 누군가? 을사늑약을 강제로 맺고, 고종 황제를 억지로 왕의 자리에서 끌어내렸으며, 우리나라를 송두리째 집어삼키려 흉계를 꾸민 자가 아닌가? 나라의 원수를 내 손으로 직접 처단하겠네."

"자네의 뜻이 그렇다면 나도 함께하겠네."

안중근과 우덕순은 서로의 손을 굳게 잡았어요.

안중근은 권총을 준비해 우덕순과 함께 이토 히로부미가 탄 열차가 지나는 지야이지스고역으로 갔어요. 러시아 말을 잘 몰라서 유동하와 조도선이라는 젊은이들의 도움을 받았지요.
　그런데 문제가 생겼어요. 이토 히로부미가 지야이지스고역에서 내릴지가 확실하지 않았던 거예요.
　"자네들은 여기 남게. 나는 열차가 도착하는 하얼빈 역으로 가겠네."
　"옳아, 두 곳에서 이토를 기다리자는 말이군."
　"그렇네. 만약 이곳에선 실패하더라도 내가 하얼빈에서 반드시 일을 성공시키겠네."
　안중근은 우덕순, 조도선을 지야이지스고역에 남겨 두고 유동하와 함께 하얼빈으로 갔어요.

 안타깝게도 우덕순과 조도선은 러시아 경비병의 감시를 뚫지 못했어요.
 "하얼빈에서 반드시 성공해야 할 텐데……."
 우덕순과 조도선은 간절한 마음으로 안중근의 성공을 빌었어요.

1909년 10월 26일 아침, 안중근은 유동하와 함께 말끔하게 양복으로 갈아입고 하얼빈역에 갔어요.

하얼빈역에는 이토 히로부미를 환영하기 위해 많은 사람들이 나와 있었어요.

만약에 있을 사고를 대비해 러시아 헌병들이 사람들을 일일이 수색했어요.

안중근은 눈앞이 캄캄해졌어요.

'내 양복저고리 안에 들어 있는 총을 들키는 날에는 모든 계획이 물거품이 되고 만다.'

그때 유동하가 재빨리 러시아 헌병들에게 다가가 말을 걸었어요.

"추운데 수고하십니다. 이분은 일본인 기자입니다!"

유동하는 유창한 러시아 말로 헌병들에게 안중근을 소개했어요. 러시아 헌병들은 고개를 끄덕이며 안중근을 지나쳐 갔어요.

'선생님, 부디 성공하십시오!'

유동하는 안중근에게 말없이 마지막 인사를 했어요.

잠시 후, 이토 히로부미를 태운 특별 열차의 도착을 알리는 안내 방송이 흘러나왔어요.

안중근은 재빨리 사람들 사이를 뚫고 앞으로 나갔어요. 이토 히로부미가 러시아 관리들의 보호를 받으며 걸어오는 것이 보였어요.

안중근은 침착하게 권총을 뽑아 들고 이토 히로부미를 향해 세 발을 쏘았어요. 그러고는 잠시 틈을 두었다가 다시 세 발을 더 쏘았어요.

"탕탕탕!"

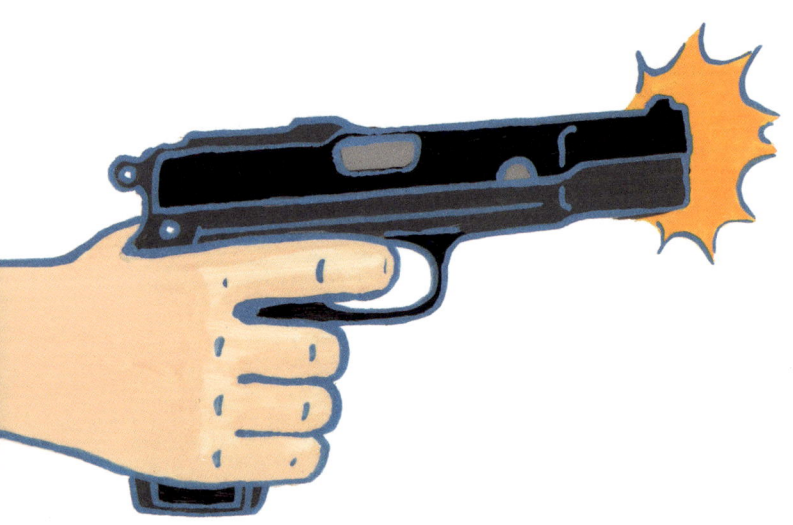

이토 히로부미가 안중근의 총에 맞아 쓰러졌어요. 주위에 있던 일본 영사와 의원들도 잇달아 쓰러졌지요.

"코레아 우라(대한 제국 만세)!"

안중근은 그 자리에서 두 손을 번쩍 들고 러시아 말로 만세 삼창을 외쳤어요.

하얼빈역은 순식간에 아수라장이 되었어요.
이토 히로부미는 사람들에 의해 병원으로 옮겨졌으나 곧 숨을 거두었어요.

러시아 헌병들이 달려와 안중근을 체포했어요.

"왜 이런 일을 했나?"

"이토 히로부미는 나의 조국인 대한 제국의 주권을 강제로 빼앗은 일본의 앞잡이다. 나는 대한 의군 참모 중장의 자격으로 이토 히로부미를 사살한 것이다."

"그대를 도운 사람들은 누구인가?"

"이천만 우리 동포들이다."

안중근은 조금도 두려워하지 않고 당당히 말했어요.

러시아 헌병들은 안중근을 일본 영사관으로 넘겼어요. 일본인 검찰관이 이토 히로부미를 왜 죽였느냐고 묻자, 안중근은 조금도 망설이지 않고 대답했어요.
　"이토 히로부미는 대한 제국의 국모인 명성 황후를 죽였고, 고종 황제를 억지로 물러나게 했으며, 강제로 을사늑약을 맺어 우리나라의 주권을 빼앗았다. 또 이에 항의하는 한국인들을 마구잡이로 죽였으며, 동양의 평화를 깨뜨린 자이기 때문이다!"

안중근이 이토 히로부미를 쏘았다는 소식은 곧 우리나라뿐 아니라 전 세계에 알려졌어요.
"안중근을 도와야 합니다!"
우리나라 사람들은 돈을 모아 변호사를 구했어요. 일본이 우리나라 변호사를 허락하지 않아, 영국과 러시아의 변호사에게 변호를 맡기기로 했지요.

안중근은 뤼순 감옥으로 옮겨졌어요. 예상과 달리 일본인 간수들은 예의를 갖추어 안중근을 대했어요. 먹을 것도 넉넉히 주었고, 가족들과 변호사를 만나는 것도 허락해 주었지요.

하지만 다 안중근의 마음을 돌리려는 속셈이었어요.
"자, 당신을 도운 사람을 말해 보시오. 혼자서 모든 죄를 뒤집어쓸 셈이오?"
"나 혼자 한 일이오. 나를 도운 사람은 없소!"
일본인 검찰관이 아무리 어르고 달래도 안중근은 끝내 동지들의 이름을 대지 않았어요.
"일본은 대한 제국이 발전할 수 있도록 도운 것이오. 그대가 잘못했다고 인정하면 목숨은 살려 주겠소!"
"나는 개인의 사사로운 감정이나 오해로 이토를 죽인 것이 아니오! 사람은 세상에 나서 한 번 죽으면 그만이오. 죽는 것은 두렵지 않으니 마음대로 하시오!"

안중근의 마음이 바뀌지 않을 것을 안 일본은 바로 태도를 바꾸었어요. 영국과 러시아 변호사의 변호를 허락하지 않고, 일본 변호사에게 안중근의 변호를 맡게 한 거예요.

마침내 재판이 시작되었어요. 판사를 비롯한 검찰관, 변호사까지 모두 일본 사람이라서, 안중근에게는 매우 불리한 재판이었어요. 그래도 안중근은 당당했어요.

"나는 대한 의군 참모 중장으로서 한국과 일본의 관계를 해하고 동양의 평화를 어지럽힌 이토 히로부미를 죽인 것이오."

안중근이 의젓한 태도로 말하자 재판정 안이 술렁이기 시작했어요. 얼굴이 하얗게 질린 판사는 재판을 다음날로 미루었어요.

1910년 2월 14일, 안중근은 사형을 선고받았어요.
하지만 일본인들 중에도 안중근의 굳은 의지와 용기를 존경하는 사람들이 있었어요.

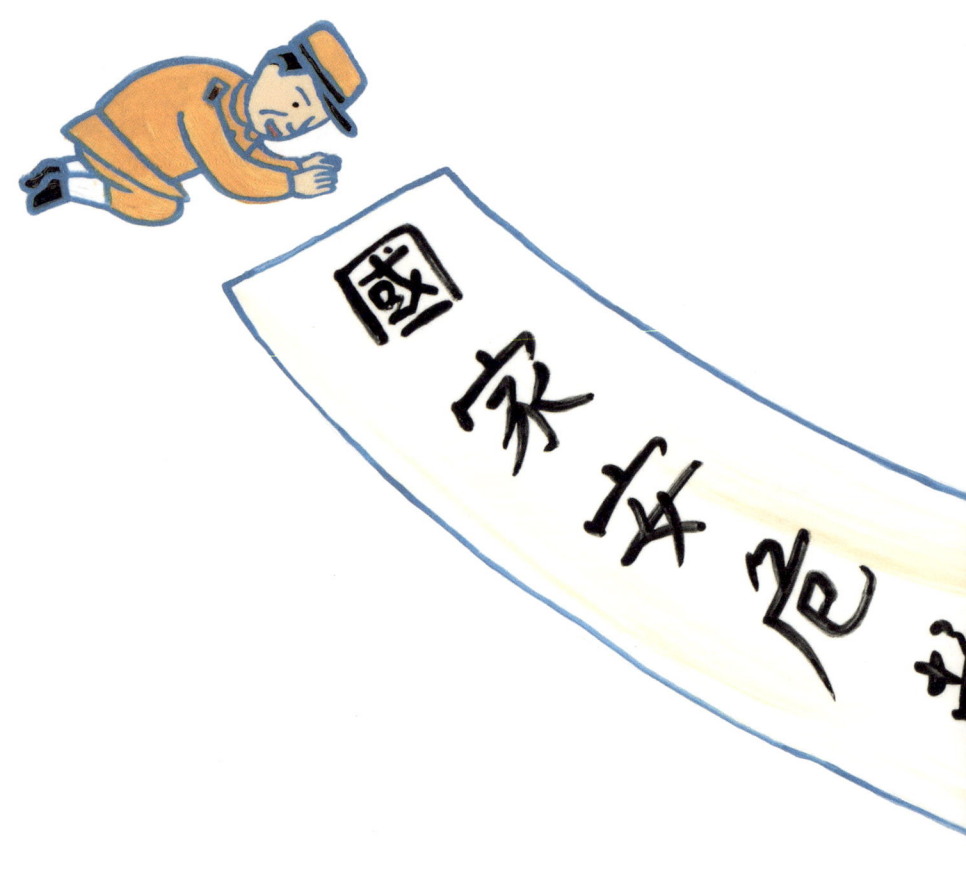

뤼순 법원의 검찰관이었던 야스오카 세이시로도 그중 한 사람이었어요.

'사형 선고를 받고도 조금도 두려워하지 않다니, 정말 대단한 사람이야!'

"뭐든 불편한 점이 있으면 말씀하십시오."

야스오카는 안중근에게 매우 친절하게 대했어요. 안중근은 고마움을 담아 야스오카에게 '국가의 안위를 걱정하며 애태운다.'는 뜻의 붓글씨를 써 주었어요.

일본 고등 법원장인 히라이시도 안중근의 의연한 태도에 존경심을 가졌어요.

"당신이 사형 선고를 받은 것을 안타깝게 생각합니다. 내가 도울 일이 없겠습니까?"

"한 가지 부탁이 있소. 내가 생각하는 '동양 평화론'에 대해 쓸 수 있도록 사형 집행 날짜를 조금만 미뤄 주시오."

"알겠습니다. 아무 염려 마시고 책을 쓰십시오."

그즈음에 동생 안정근과 안공근이 홍 신부와 면회를 왔어요. 안중근은 동생들에게 유언을 남겼어요.

"내가 죽거든 내 뼈를 하얼빈 공원 옆에 묻었다가 훗날 우리나라가 독립하면 그때 고국으로 옮겨다오. 나는 죽어서도 독립을 위해 힘쓸 것이다. 대한 독립의 소리가 천국에 들려오면 나는 춤추며 만세를 부를 것이다."

안중근의 말이 끝나도록 두 동생은 그저 눈물만 뚝뚝 흘렸어요.

1910년 3월 26일 아침, 안중근은 어머니가 보내 준 한복으로 갈아입고 사형장으로 향했어요.

"내가 한 일은 오로지 동양의 평화를 위한 일이었소. 내가 죽더라도 부디 한국과 일본 양국은 동양 평화를 위해 서로 협력하기 바라오."

안중근은 마지막 말을 남기고 기도를 한 뒤 순국(나라를 위해 목숨을 바침)했어요.

가족들은 안중근의 유언에 따라 하얼빈 공원 옆에 그를 묻으려 했어요. 하지만 안중근의 무덤이 독립운동의 중심지가 될 것을 두려워한 일본은 안중근을 뤼순 감옥 묘지에 묻었지요.

1945년에 우리나라는 일본으로부터 독립을 했어요. 하지만 안중근은 여전히 고국으로 돌아오지 못하고 있어요. 안중근의 무덤이 어디에 있는지를 모르기 때문이에요. 서울 효창 공원에는 백범 김구 선생이 만들어 둔 안중근의 빈 무덤만이 남아 주인을 기다리고 있어요.

## ♣ 사진으로 보는 안중근 이야기 ♣

**강제로 맺은 을사늑약**

 '을사조약'은 1905년 일본이 우리나라의 외교권을 빼앗기 위해 강제로 맺은 조약이에요. 대한 제국(1897년에 고종이 새로 정한 우리나라의 이름)이 일본의 허락 없이는 어떤 나라와도 조약을 맺지 못하며, 일본이 대한 제국의 외교를 모두 맡아 처리한다는 내용이었지요. 강제로 맺었다는 뜻에서 '을사늑약'이라고도 해요.

 을사늑약은 일본이 우리나라를 식민지로 만들기 위한 첫 걸음이었어요. 한 나라가 다른

안중근 의사의 사진이에요. 이토 히로부미를 쏜 뒤, 뤼순 감옥에 있을 때 사진이에요.

나라와 동등한 위치에서 외교를 할 수 있는 외교권은 그 나라가 당당한 독립국임을 의미해요. 따라서 외교권을 빼앗긴다는 것은 대한 제국이 일본의 간섭과 지배를 받는 나라가 되는 것을 뜻했지요.

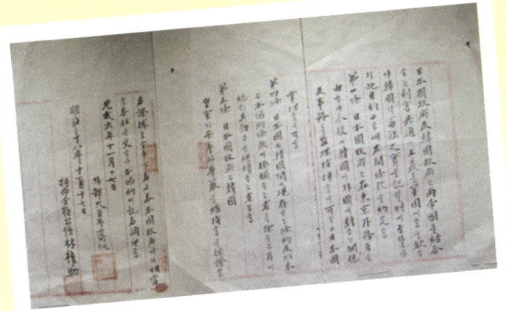

을사늑약은 무효인 조약이에요. 고종 황제가 조약을 승낙한다는 증명서나 서명이 남아 있지 않거든요.

그 때문에 고종 황제는 일본의 갖은 협박에도 끝까지 조약을 허락하지 않았어요. 그러자 이토 히로부미는 당시 외부 대신이었던 박제순의 도장을 빼앗아서 조약 문서에 제멋대로 도장을 찍었어요.

을사늑약 체결 후 일본은 우리나라를 식민지로 만들기 위한 준비를 착착 진행했어요. 1907년에는 고종 황제를 강제로 몰아내고 우리나라의 군대를 해산시켰어요. 외교권도 없고 군대도 없는 나라가 된 우리나라는 결국 1910년 한일 병합 조약으로 일본의 식민지가 되고 말았지요.

### 안중근은 왜 이토 히로부미를 쏘았을까?

1909년 10월 26일 안중근은 만주 하얼빈역에서 이토 히로부미를 쏘아 죽였어요.

사실 을사늑약을 맺기 전까지만 해도 안중근을 비롯해 많은 우리나라 사람들이 일본을 응원했어요. 1904년 러시아와 일본 사이에 전쟁이 일어나자 밀려드는 서양 세력과 그것을 막아 내려는 동양의

안중근 의사가 저격하기 직전, 하얼빈역에 막 도착한 이토 히로부미예요.

싸움이라고 생각하기도 했지요. 그 무렵 《독립신문》, 《황성신문》 등에는 "청나라, 대한 제국, 일본이 연합해야 동양 문명을 보호할 수 있다."는 글이 자주 실렸어요.

하지만 러시아와의 전쟁에서 이긴 일본은 우리나라와 강제로 을사늑약을 맺었어요. 입으로는 동양 평화를 외쳤지만 일본의 진짜 속셈은 동양을 제 손안에 넣는 것이었지요.

일본의 속마음을 깨달은 안중근은 우리나라와 강제로 을사늑약을 맺고, 동양 각국을 침략해 평화를 깨뜨린 이토 히로부미를 쏘기로 결심했어요.

안중근의 목숨을 건 의거(정의를 위한 의로운 일)에도 우리나라는 1910년에 일본의 식민지가 되고 말았어요. 하지만 안중근의 의거는 희망을 잃은 우리나라 국민들에게 큰 용기를 주었어요.

### 세계를 놀라게 한 안중근

안중근이 이토 히로부미를 사살한 일은 세계 각국의 관심을 불러 모았어요. 특히 당시 중국의 주요 지도자들은 모두 안중근의 의거를 높이 평가했지요.

중국의 국가 주석 위안스카이는 "평생을 벼르던 일 이제야 끝났구려/ 죽을 땅에서 살려는 건 장부가 아니고말고/ 몸은 한국에 있었어도 만방에 이름 떨쳤소/ 살아서는 백 살이 없는 건데 죽어서 천 년 가리."라는 글을 지었어요.

중국인들이 가장 존경하는 정치 지도자 중 하나인 쑨원은 "공훈은 삼한을 덮고 이름은 만국에 떨쳤나니/ 백 세의 삶은 아니나 죽어서 천추에 드리우리/ 약한 나라 죄인이고 강한 나라 재상이라/ 그래도 처지를 바꿔 놓으니 이토도 죄인 된다."라는 시를 남겼지요.

또 러시아의 혁명가이자 소련 공산당을 세운 레닌도 『제국주의에 대한 노트』라는 책에서 일본인 침략자들에 대항하는 한국

안중근 의사는 이토 히로부미를 왜 죽였느냐는 일본 검찰관의 질문에 명성 황후를 죽인 죄, 대한 제국의 황제를 내쫓은 죄, 을사늑약을 강제로 맺은 죄 등 열다섯 가지 죄를 지었기에 죽였다고 대답했어요.

인들의 용맹함에 대해 소개하며 안중근의 하얼빈 의거를 "20세기 초 중요 사건의 하나"라고 했어요.

안중근 의사가 이토 히로부미를 사살할 때 쓴 권총과 탄약이에요.

### 의사와 열사의 차이

나라를 위하여 자기의 몸과 마음을 다 바쳐 이바지하는 사람을 '애국지사'라고 해요. 그런데 일제 강점기 때 독립운동에 몸 바친 애국지사를 부를 때는 이름 뒤에 의사나 열사 등의 칭호를 따로 붙이는 경우가 많아요.

'의사(義士)'는 나라와 민족을 위해 목숨을 걸고 무력으로 맞서다 의롭게 죽은 사람을 뜻해요. 안중근 의사, 윤봉길 의사, 이봉창 의사가 여기에 해당하지요.

'열사(烈士)'는 나라와 민족을 위해 맨몸으로 싸우다 의롭게 죽은 사람이에요. 직접 무력을 쓰기보다는 스스로 목숨을 끊는 행동 등으로 강력한 항의의 뜻을 전한 경우에 쓰지요. 독립 만세 운동에 앞장섰다가 감옥에서 세상을 떠난 유관순 열사가 대표적인 인물이에요.

### 안중근 의사의 유해

우리나라 정부는 해방 직후부터 해외에 흩어져 있는 독립투사들의 유해(무덤 속에서 나온 뼈)를 국내로 가져오기 위해 다양한 노력을 기울였어요. 1946년 윤봉길 의사의 유해를 서울 효창 공원에 장사 지낸 것을 시작으로, 최근까지 약 백사십여 명의 유해를 국내에 모셨지요.

하지만 아직도 국내에 모시지 못한 독립투사의 유해가 많아요. 안중근 의사의 유해도 그중 하나지요. 정부뿐 아니라 다양한 단체에서 안중근 의사의 유해를 찾고 있지만 아직까지는 큰 성과를 거두지 못하고 있어요. 유해가 묻힌 곳으로 알려져 있는 뤼순 감옥 뒤편의 공동묘지에는 이미 일반 건물이 들어선 데다, 당시의 일을 기억하는 사람이나 자료도 거의 남아 있지 않기 때문이지요. 안중근 의사 무덤의 정확한 위치는커녕 무덤이 옮겨졌는지, 원래 자리에 남아 있는지조차 알 수 없는 상황인 거예요.

하지만 지금도 여전히 많은 사람들이 포기하지 않고 안중근 의사의 유해를 찾고 있어요. 죽어서라도 독립된 고국의 땅을 밟고 싶어 했던 안중근 의사의 뜻을 이루는 것이야말로 우리 후손들이 해야 할 일이기 때문이에요.

안중근 의사가 사형당하기 전 홍석구 신부와 두 동생을 만나 유언을 남기는 장면이에요.

# 함께 보면 쏙쏙 이해되는 역사

◆ 1879년
황해도 해주에서 태어남.

**1870**

**1890**

● 1894년
동학 농민 운동이 일어남.
청일 전쟁이 일어남.

◆ 1906년경
삼흥 학교와 돈의 학교를
열고 교육 운동에 힘씀.

◆ 1907년
본격적인 독립운동을 위해
러시아 블라디보스토크로
건너감.

◆ 1909년
단지 동맹을 결성함.
하얼빈역에서 이토
히로부미를 사살함.

**1905**

**1909**

● 1905년
일본과 강제로
을사늑약을 맺음.

◆ 안중근의 생애
● 대한 제국의 역사

◆ 1895년
아버지 안태훈이 어윤중과
민영준에게 모함을 당함.

◆ 1897년
세례를 받고 '도마(토마스)'라는
세례명을 얻음.

**1895**

● 1897년
고종이 나라의 이름을
'대한 제국'으로 새로
정함.

● 1904년
러일 전쟁이 일어남.

**1900**

◆ 1910년
3월 26일 사형이
집행되어 세상을 떠남.

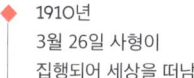

**1910**

● 1910년
일본과 한일 병합 조약을 맺고
통치권을 일본에 넘겨줌.

추천사

# 「새싹 인물전」을 펴내면서

    요즈음 아이들에게 '훌륭한 사람'이 누구냐고 물으면 '돈 많이 버는 사람'이라고 대답한다고 합니다. 초등학생의 태반은 가수나 배우가 되고 싶어 하고요. 돈 많이 버는 사람이나 연예인이라는 직업이 나쁘다는 것이 아니라, 아이들이 각자가 갖고 있는 재능과는 상관없이 모두 똑같은 꿈을 갖는 것 같아 걱정입니다. 또 한편으로는 아이들이 진정 마음으로 닮고 싶은 사람에 대한 정보가 부족한 것은 아닌가 하는 생각도 듭니다.

    어릴수록 위인 이야기의 힘은 큽니다. 아직 어리고 조그마한 아이들은 자신이 보잘것없다고 생각하고 위인들의 성공에 감탄합니다. 하지만 그네들에게는 끝없이 열린 미래가 있습니다. 신화처럼 빛나는 위인들의 모습은 아이들에게 훌륭한 역할 모델이 되고, 그런 삶을 살기 위해 무엇을 어떻게 해야 할지를 알려 주는 밝은 등대가 됩니다.

    그렇다면 우리가 어른으로서 아이들에게 권해야 할 위인전은 무엇일까요? 보통 우리가 생각하는 '위인'은 훌륭한 업적을 남긴

위대한 사람, 멋지고 능력 있는 사람입니다. 하지만 시대가 변했으니 아이들이 역할 모델로 삼을 수 있는 위인의 정의나 기준도 변해야 할 것입니다.

그런 의미에서 비룡소의 「새싹 인물전」은 종래의 위인전과는 다른 점이 많습니다. 시리즈 이름이 '위인전'이 아닌 '인물전'이라는 데 주목하기 바랍니다. 「새싹 인물전」은 하늘에서 빛나는 위인을 옆자리 짝꿍의 위치로 내려놓습니다. 만화 같은 친근한 일러스트는 자칫 생소할 수 있는 옛사람들의 이야기를 일상에서 만날 수 있는 재미있는 사건처럼 보여 줍니다.

또 하나, 「새싹 인물전」에는 위인전에 단골로 등장하는 태몽이나 어린 시절의 비범한 에피소드, 위인 예정설 같은 과장이 없습니다. 사실 이런 이야기들은 현대를 사는 아이들에게는 황당하고 이해하기 힘든 일일 뿐입니다. 그보다는 천 리 길도 한 걸음부터, 큰 성공도 자잘한 일상의 인내와 성실함이 없었다면 이루어질 수 없었다는 것을 알려 주는 것이 중요합니다. 세상 사람들의 우러름을 받는 이들도 여느 아이들과 같은 시절을 겪었음을 보여 줌으로써, 아이들에게 괜한 열등감을 주지 않고 그네들의 모습을 마음속에 담을 수 있도록 해 주는 것입니다.

  덧붙여 위인전이란 그 인물이 얼마나 훌륭한 업적을 남겼는가 보여 주는 것도 중요하지만, 얼마나 참된 인간다움을 보였는가를 알려 줄 필요도 있습니다. 여기서 '인간다움'이란 기본적인 선함과 이해심, 남을 위해 봉사할 수 있는 사랑과 배려, 그리고 한 가지 목표를 설정하고 앞으로 나아갈 수 있는 의지와 용기를 말합니다. 성취라는 결과보다는 성취하기 위한 과정을 보여 주고, 사회적인 성공보다는 한 인간으로서 얼마나 자기 자신에게 철저하고 진실했는지를 보여 주는 것이 중요하다는 것입니다.

  하지만 아무리 좋은 가르침도 사랑과 따뜻함이 없으면 억누름과 상처가 될 뿐이겠지요. 「새싹 인물전」은 나의 노력과 의지에 따라 얼마든지 의미 있는 삶을 살 수 있음을 알려 줍니다. 내가 알고 있는 삶 외에도 또 다른 삶이 존재할 수 있다는 것, 꿈을 키우고 이루어 가는 과정에서 배우고 경험하게 되는 것들의 가치, 그런 따뜻함을 담고 있는 위인전입니다. 부디 이 책이 삶의 첫발을 내딛는 아이들에게 좋은 길잡이가 되었으면 하는 바람입니다.

기획 위원

박이문(전 연세대 교수, 철학)
장영희(전 서강대 교수, 영문학)
안광복(중동고 철학 교사, 철학 박사)

● 사진 제공
58, 60~61쪽_ 독립 기념관. 59쪽_ 연합 뉴스. 62쪽_ 중앙 포토. 63쪽_ 두산 엔싸이버.

글쓴이 **남찬숙**

2000년에 『괴상한 녀석』을 발표하면서 글을 쓰기 시작했다. 2004년에 『가족사진』으로 MBC 창작 동화 장편 부문에서 상을 받았고, 2005년에 『받은 편지함』으로 올해의 예술상을, 2017년에 『까칠한 아이』로 눈높이 아동 문학상 장편 부문 대상을 받았다. 지은 책으로 『사라진 아이들』, 『누구야, 너는?』, 『안녕히 계세요』, 『할아버지의 방』, 『혼자 되었을 때 보이는 것』, 『나운규』, 『선덕 여왕』 등이 있다.

그린이 **곽성화**

바다가 아름다운 경상남도 통영에서 태어났다. 『재주 많은 삼 형제』로 2004년 '제1회 한국 안데르센상 미술 부문 최우수상', '제 14회 국제 노마 콩쿠르 그림책 일러스트레이션 은상'을 받았다. 『만국기 소년』, 『춘향전』, 『아니, 방귀 뽕나무』, 『유관순』 등에 그림을 그렸다.

새싹 인물전
027    **안중근**

1판 1쇄 펴냄 2009년 10월 21일    1판 15쇄 펴냄 2020년 5월 22일
2판 1쇄 펴냄 2021년 5월 28일    2판 4쇄 펴냄 2024년 1월 18일

글쓴이 남찬숙    그린이 곽성화
펴낸이 박상희    편집장 전지선    편집 이지은    디자인 박연미
펴낸곳 (주)비룡소    출판등록 1994.3.17. (제16-849호)
주소 06027 서울시 강남구 도산대로1길 62 강남출판문화센터 4층
전화 02)515-2000    팩스 02)515-2007    홈페이지 www.bir.co.kr
제품명 어린이용 각양장 도서    제조자명 (주)비룡소    제조국명 대한민국    사용연령 3세 이상

ⓒ 남찬숙, 곽성화, 2009. Printed in Seoul, Korea

ISBN 978-89-491-2907-5 74990
ISBN 978-89-491-2880-1 (세트)

## 「새싹 인물전」 시리즈

- 001 최무선    김종렬 글 이경석 그림
- 002 안네 프랑크    해리엇 캐스터 글 헬레나 오웬 그림
- 003 나운규    남찬숙 글 유승하 그림
- 004 마리 퀴리    캐런 월리스 글 닉 워드 그림
- 005 유일한    임사라 글 김홍모 임소희 그림
- 006 윈스턴 처칠    해리엇 캐스터 글 린 윌리 그림
- 007 김홍도    유타루 글 김홍모 그림
- 008 토머스 에디슨    캐런 월리스 글 피터 켄트 그림
- 009 강감찬    한정기 글 이홍기 그림
- 010 마하트마 간디    에마 피시엘 글 리처드 모건 그림
- 011 세종 대왕    김선희 글 한지선 그림
- 012 클레오파트라    해리엇 캐스터 글 리처드 모건 그림
- 013 김구    김종렬 글 이경석 그림
- 014 헨리 포드    피터 켄트 글·그림
- 015 장보고    이옥수 글 원혜진 그림
- 016 모차르트    해리엇 캐스터 글 피터 켄트 그림
- 017 선덕 여왕    남찬숙 글 한지선 그림
- 018 헬렌 켈러    해리엇 캐스터 글 닉 워드 그림
- 019 김정호    김선희 글 서영아 그림
- 020 로버트 스콧    에마 피시엘 글 데이브 맥타가트 그림
- 021 방정환    유타루 글 이경석 그림
- 022 나이팅게일    에마 피시엘 글 피터 켄트 그림
- 023 신사임당    이옥수 글 변영미 그림
- 024 안데르센    에마 피시엘 글 닉 워드 그림
- 025 김만덕    공지희 글 장차현실 그림
- 026 셰익스피어    에마 피시엘 글 마틴 렘프리 그림
- 027 안중근    남찬숙 글 곽성화 그림
- 028 카이사르    에마 피시엘 글 레슬리 뷔시커 그림
- 029 백남준    공지희 글 김수박 그림
- 030 파스퇴르    캐런 월리스 글 레슬리 뷔시커 그림
- 031 유관순    유은실 글 곽성화 그림
- 032 알렉산더 벨    에마 피시엘 글 레슬리 뷔시커 그림
- 033 윤봉길    김선희 글 김홍모·임소희 그림
- 034 루이 브라유    테사 포터 글 헬레나 오웬 그림
- 035 정약용    김은미 글 홍선주 그림
- 036 제임스 와트    니컬라 백스터 글 마틴 렘프리 그림
- 037 장영실    유타루 글 이경석 그림
- 038 마틴 루서 킹    베르나 윌킨스 글 린 윌리 그림
- 039 허준    유타루 글 이홍기 그림
- 040 라이트 형제    김종렬 글 안희건 그림
- 041 박에스더    이은정 글 곽성화 그림
- 042 주몽    김종렬 글 김홍모 그림
- 043 광개토 대왕    김종렬 글 탁영호 그림
- 044 박지원    김종광 글 백보현 그림
- 045 허난설헌    김은미 글 유승하 그림
- 046 링컨    이명랑 글 오승민 그림
- 047 정주영    남경완 글 임소희 그림
- 048 이호왕    이영서 글 김홍모 그림
- 049 어밀리아 에어하트    조경숙 글 원혜진 그림
- 050 최은희    김혜연 글 한지선 그림
- 051 주시경    이은정 글 김혜리 그림
- 052 이태영    공지희 글 민은정 그림
- 053 이순신    김종렬 글 백보현 그림
- 054 오드리 헵번    이은정 글 정진희 그림
- 055 제인 구달    유은실 글 서영아 그림
- 056 가브리엘 샤넬    김선희 글 민은정 그림
- 057 장 앙리 파브르    유타루 글 하민석 그림
- 058 정조 대왕    김종렬 글 민은정 그림
- 059 나폴레옹 보나파르트    남찬숙 글 남궁선하 그림
- 060 이종욱    이은정 글 우지현 그림

061 **박완서** 유은실 글  이윤희 그림
062 **장기려** 유타루 글  정문주 그림
063 **김대건** 전현정 글  홍선주 그림
064 **권기옥** 강정연 글  오영은 그림
065 **왕가리 마타이** 남찬숙 글  윤정미 그림
066 **전형필** 김혜연 글  한지선 그림
067 **이중섭** 김유 글  김홍모 그림
068 **그레이스 호퍼** 박주혜 글  이해정 그림

* 계속 출간됩니다.